四川省社会科学规划项目
国家体育总局全国广场舞推广委员会指定推荐读物

和谐社会 科学健身

全民广场舞锻炼指南

Hexie Shehui Kexue Jianshen

Quanmin Guangchangwu Duanlian Zhinan

邱建钢　杜康华　王　纯　主编

电子科技大学出版社
University of Electronic Science and Technology of China Press
· 成都 ·

图书在版编目（CIP）数据

和谐社会　科学健身　全民广场舞锻炼指南 / 邱建钢，杜康华，王纯主编 . -- 成都：电子科技大学出版社，2017.12

ISBN 978-7-5647-5414-3

Ⅰ . ①和… Ⅱ . ①邱… ②杜… ③王… Ⅲ . ①健身舞—中国—指南 Ⅳ . ① J722.1-62

中国版本图书馆 CIP 数据核字 (2017) 第 289439 号

和谐社会　科学健身　全民广场舞锻炼指南
邱建钢　杜康华　王　纯　主　编

策划编辑　谢应成
责任编辑　谢应成

出版发行　电子科技大学出版社
　　　　　成都市一环路东一段 159 号电子信息产业大厦九楼
　　　　　邮编　610051
主　　页　www.uestcp.com.cn
服务电话　028-83203399
邮购电话　028-83201495

印　　刷　成都市火炬印务有限公司
成品尺寸　140 mm×203 mm
印　　张　3
字　　数　70 千字
版　　次　2017 年 12 月第 1 版
印　　次　2017 年 12 月第 1 次印刷
书　　号　ISBN 978-7-5647-5414-3
定　　价　15.00 元

编 写 组

主 编

邱建钢 成都体育学院艺术学院院长、教授

杜康华 成都体育学院艺术学院

王 纯 成都体育学院继续教育学院院长、教授

副主编

今润觉 海南省体育总会副秘书长

李 鸿 西南交通大学体育工作部教授

李德华 成都体育学院艺术学院副教授

编 委

马丽丽 成都体育学院硕士研究生

许 远 成都体育学院硕士研究生

郎亚英 成都体育学院硕士研究生

袁 琳 成都体育学院硕士研究生

梁丽红 成都体育学院硕士研究生

编者的话

Bianzhe
DeHua

习近平总书记指出：“大力发展群众体育，通过全民健身实现全民健康，进而实现全面小康目标。”全民健身上升为国家战略，战略中明确强调要以“民生”为主线，关注大众的体育生活，倡导将体育作为人们生活方式的一种重要选择。随着人民生活水平的不断提高，人们更多地注重精神的追求，健身意识越来越强烈。广场舞作为全民健身实践的载体，因其不受场地的限制，以广泛的群众基础和低碳、环保的独特健身方式，受到广大人民群众的喜爱和广泛推崇。在我国，无论是城市还是农村，全民广场舞都是全民健身的一个主要运动项目，在推动《全民健身计划纲要》的进程中发挥着极为重要的作用。同时，全民广场舞健身文化是城市精神文明建设的重要组成部分，能够体现时代性和文化性，具有鲜明的地域色彩，对全民健身的推进、城市形象的提升、居民多元化文化需求的满足等方面有重要的作用。

国务院《全民健身计划（2016—2020 年）》提出：“大力发展健身跑、健步走、骑行、登山、徒步、游泳、球类、广场舞等群众喜闻乐见的运动项目……鼓励开发适合不同人群、不同地域和不同行业特点的特色运动项目。”广场舞的开展响应了《全民健身计划纲要》的号召，顺应了人民群众的日常健身需求，同时也促进了社会和谐发展。

与此同时，全民广场舞的开展存在缺乏专业指导教师、锻炼方法不科学等问题，其中，广场舞的噪声“扰民”、交通堵塞等现象饱受诟病，由此带来很多的不和谐冲突。如：因不堪长期受扰，出现泼粪泄愤、放藏獒扑人等极端事件，导致居民关系紧张。

本书为大众提供一本广场舞科学锻炼指南的科普读物，满足广大人民群众的科学健身需求。在全社会普及科学健身知识、提高广大人民群众的科学健身文化素质，促进广场舞健身文化的可持续发展。科普读物突出全民广场舞健身的科学性，结合社会的广泛需求，推动全民健身事业不断发展。全民广场舞对积极健康的社会文化营造、对公民个性情感全面发展的影响以及对于促进城市文化建设、解决民生问题、增强国民体质与综合素质、维护城市社区人民的切身利益与和谐社会的稳定具有重大的现实意义。实践证明，长期参加广场舞运动有利于人的身心发展，强壮骨骼，预防骨质疏松症，增加身体及关节的柔软性，使人更灵活，减少受伤的机会，改善神经系统和大脑功能，通过形体训练能改善心血管系统的功能，提升人的精神气质。

本书共分九章：第一章，绪言（邱建钢、今润觉撰写），介绍了有关广场舞的相关国家政策；第二章，认知广场舞（郎亚英、梁丽红撰写），介绍了广场舞的分类、功能以及在跳广场舞时所要遵守的公约；第三章，我们一起来跳广场舞（许远撰写），介绍了不同类别的广场舞套路动作；第四章，选择适合自己的广场舞（王纯、李德华撰写），介绍了如何选择适合自己的广场舞套路、音乐、场地、服饰以及不适宜跳广场舞的人群；第五章，广场舞锻炼的安全性（袁琳撰写），介绍了在跳广场舞时遇到的紧急事件的处理方法；第六章，广场舞锻炼效果评价（马丽丽撰写），介绍了广场舞运动后如何测量机体功能的方法以及测量仪器；第七章，广场舞鉴赏（李鸿、梁丽红撰写），介绍了不同类型的广场舞鉴赏方法；第八章，广场舞展演及竞赛（杜康华撰写），介绍了如何参加广场舞比赛的流程；第九章，合格的广场舞指导教师（邱建钢撰写），介绍了如何成为一名优秀的广场舞指导教师。本书插图由左邱洋子绘制。

本书作为国家体育总局社会体育指导中心、全国广场舞推广委员会推荐读物，其科学普及的广场舞健身知识深入浅出、通俗易懂，图文并茂、温馨贴士，便于操作；实用性强，相信会成为广大广场舞群众喜爱的参考读物。

由于编者知识有限，难免存在不足之处，敬请读者批评、指正。

编　者

2017 年 12 月

目　录

CONTENTS

第一章

绪　言

目前，广场舞已成为老百姓最热爱的身体锻炼方式之一，为大力发展群众体育，开展全民健身活动，国家颁布了一些相关政策来引导广场舞活动的健康发展。

国家相关政策引导广场舞活动健康发展

（节　选）

大力发展群众体育，通过全民健身实现全民健康，进而实现全面小康目标！

——习近平

以活跃基层群众文化生活、提高公民身体素质和道德素质、促进基层社会和谐稳定为根本，以扶持、引导、规范为重点，培育一批扎根基层、综合素质较高、专兼职结合的广场舞工作队伍，推出一批具有文化内涵、审美品位和健身功能，便于群众接受的广场舞作品，培育一批具有导向性、示范性的广场舞品牌活动，实现城乡基层广场舞活动健康、文明、有序开展。

——文化部、体育总局、民政部、住房城乡建设部《关于引导广场舞活动健康开展的通知》

开展全民健身活动，提供丰富多彩的活动供给。因时因地因需开展群众身边的健身活动，分层分类引导运动项目发展，丰富和完善全民健身活动体系。大力发展健身跑、健步走、骑行、登山、徒步、游泳、球类、广场舞等群众喜闻乐见的运动项目……鼓励开发适合不同人群、不同地域和不同行业特点的特色运动项目。

——国务院《全民健身计划（2016—2020年）》

普及日常健身。推广适合公众广泛参与的健身休闲项目，加快发展足球、篮球、排球、乒乓球、羽毛球、网球、游泳、徒步、路跑、骑行、棋牌、台球、钓鱼、体育舞蹈、广场舞等普及性广、关注度高、市场空间大的运动项目，保障公共服务供给，引导多方参与。

——国务院办公厅《关于加快发展健身休闲产业的指导意见》

完善全民健身活动体系，拓展全民健身活动的广度和深度。大力发展健身走（跑）、骑行、登山、徒步、游泳、球类、广场舞等群众喜闻乐见的运动项目……鼓励开发适合不同人群、不同地域特点的特色运动项目。建立有效的业余竞赛活动体系和激励机制，探索多元主体办赛机制，促进全民健身活动广泛开展。

——国家体育总局《体育发展“十三五”规划》

为进一步有效规范广场舞健身活动，推动广场舞健身活动健康发展，积极发挥各级体育部门服务全民健身的职能作用，现就有关事项通知如下：

一、多措并举增加广场舞健身活动场地供给。各级体育部门要积极促进当地人民政府按照配置均衡、规模适当、方便实用、安全合理、因地制宜的原则，科学规划、统筹建设广场舞健身活动场地，多措并举增加广场舞健身活动场地供给。

二、严格规范广场舞健身活动行为。体育部门要以问题为导向，切实加强广场舞健身活动日常监管，及时化解在广场舞健身活动中产生的矛盾冲突。

三、切实加强广场舞健身活动组织和队伍建设。各级体育部门要积极协同有关方面加强广场舞健身活动的组织建设和队伍建设。

四、建立和完善广场舞健身活动部门联动、齐抓共管的工作机制。体育总局社会体育指导中心成立全国广场舞健身活动推广委员会，制定广场舞健身活动发展规划，推出广场舞健身活动标准，提供广场舞健身活动指导。

——国家体育总局《关于进一步规范广场舞健身活动的通知（2017）》

第二章 认知广场舞

导读：广场舞种类繁多且具有诸多价值，如健身价值、娱乐价值、社会价值等，如今已作为一种新型的群众户外运动方式受到广大群众的喜爱。“没有规矩不成方圆”，为了更好地促进该项目的健康科学发展，参与广场舞锻炼必须严格遵循广场舞的礼仪和公约，从而共创和谐美好的社会体育文化氛围。

认知广场舞

随着社会的加速发展，人民生活方式也随之有所改变，越来越多的人开始追求高质量的生活品质。由于广场舞简单易学，且具有较好的健身益智的作用，使得广场舞开始风靡全国，甚至活跃在异国他乡。那么，什么是广场舞呢？为什么它可以漫卷全国甚至是他国呢？

老百姓喜欢的广场舞小王子

王广成　广场舞健身教练，被誉为“广场舞男神”，他因教外国朋友跳自己编的《最炫民族风》的舞蹈而在中国让更多的人知晓。在此之后他又编了许多广场舞蹈。这些舞蹈动作简单，且有一定的运动强度，接地气的同时又不缺乏时尚美，受到广大锻炼者的喜爱。

一、什么是广场舞?

广场舞是指在音乐的伴奏下，通过徒手或持轻器械结合各种肢体活动，适合在宽阔场地上开展具有健身、健心功效和社交协作的集体性群众体育文化活动。

在漫漫的历史长河中，广场舞的发展并不是一成不变的，这朵民间艺术之花正越来越受到社会各界的关注，已经成为新时代中国特色社会主义文化不可缺少的一部分。

二、广场舞的功能

（一）健身功能

健身功能是广场舞锻炼最基本、最直接的功能。其主要表现在以下几点。

1. 增强机体的新陈代谢，增强锻炼者的身体素质，改善骨骼和肌肉系统，增强免疫力，促进机体的血液循环；加强灵活性。

2. 改善心肺功能，预防各类疾病，增强肌肉力量，减少机体多余脂肪，达到健美塑形的良好效果，提高人的审美能力。

3. 坚持进行广场舞锻炼还可以提高关节的灵活性，同时提高参与者的协调、柔韧、平衡、灵敏等各方面的能力。

（二）健心功能

适度的广场舞运动能缓解不良情绪，释放沉闷压抑的心情，消除紧张与压力。广场舞锻炼是在欢快的节奏中进行健身锻炼，一支支优美且充满活力的的舞蹈在一步步拉近人与人之间的距离，同时宣泄参与者内心的不悦，消除生活工作中的压力、紧张、抑郁，调节个人心理，

陶冶自我情操，有助于增强锻炼者的幸福感，减少各种心理疾病的发生率。

（三）益智功能

随着年龄增长，记忆力会逐渐衰退，这属于自然规律，无法改变。然而适当从事广场舞锻炼体育运动，对缓解这一现象有很大的帮助。从事广场舞运动需要全身参与，而且需要不断地记动作、听节拍，这种反复记忆可以加快大脑活动，提高活动频率，进而促进大脑发育、缓解记忆衰退，从而可有助于预防老年痴呆。

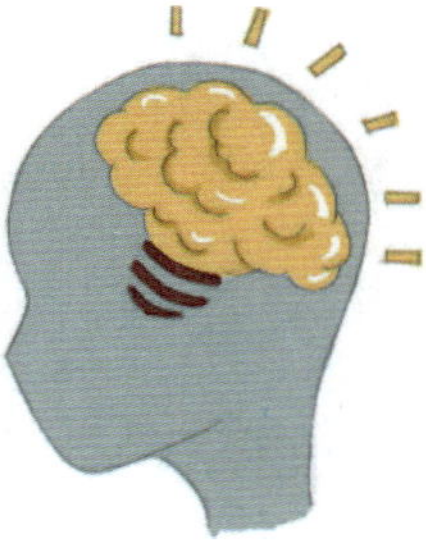

（四）社会功能

1. 调节社会关系。随着社会发展进程加快，人与人之间的关系被钢筋水泥阻断，变得越来越陌生。广场舞运动作为一种积极的生活方式，最大限度的改善社会关系，在活动的，能使参与者认识到更多的朋友，将个人置身于集体之中，慢慢的又陌生到熟悉，由疏远冷漠到嘘寒问暖，感受到关系的变化带来的集体温暖，从而由广场舞延续到日常生活的点滴。同时，在轻快的乐曲伴奏下翩翩起舞，人们的自我封闭意识会得到解脱，活动中融洽、和谐、高雅的气氛，也能增强人们沟通和交往的意识，进而协调人际关系和社会关系①。

---

①倪卓．现代广场舞的研究综述及其功能分析 [J]．文化学刊，2015（11）：98-101.

2. 促进文化交流。广场舞运动包罗万象，它既有我国传统的民族舞蹈风格的动作元素，也包含了各种流行舞蹈的动作元素。在音乐方面既有中国传统的戏曲，也包含了日韩音乐。在各种多元文化的不断撞击中，不仅丰富了广场舞运动，也为我国各民族文化以及国际文化的交流起到了重要作用。

3. 提升城市内涵。广场舞这一新型的锻炼形式能够吸引社会公众广泛地参与其中，为大家提供了一个优质的社交平台，从而推进一个城市的特色文化建设的进程。

（五）创新功能

广场舞运动可以提高人的创新意识。广场舞运动融合了不同的舞蹈风格，一支广场舞的创编需要考虑到各个方面，例如：动作元素、器械、服装、音乐风格以及表达主题。成品舞的完成对于参与锻炼的人群可以说是耳目一新，在锻炼中不断地提高人的创新性思维，大胆突破，不断挑战。

三、广场舞类别

目前，所流行的广场舞种类繁多，分类的方法也较多，为了适应广场舞迅速发展的需要，有必要对广场舞的分类加以分析和研究。广场舞按照舞种分类可分为三种：时尚健身舞、民族舞蹈、民族传统舞蹈。

（一）时尚健身舞蹈

时尚健身舞包括拉丁舞、标准舞、现代流行舞蹈（爵士、街舞）、有氧舞蹈、东方舞等等。

时尚健身舞蹈类广场舞的特点

1. 健身性：通过融入舞蹈元素从事体育锻炼，可以消耗能量，保持身材健美，从而达到强身健体的目的。

2. 艺术性：该舞蹈有着独特的观赏价值，还可以提高参与者对于美的欣赏以及追求。

3. 合作性：可以增强参与者的团队意识以及相互协作的能力。

拉丁舞：拉丁舞有五个舞种分别是伦巴、恰恰、桑巴舞、牛仔舞、斗牛舞。每支舞蹈的表演都与服装、音乐、舞台紧密结合，能够很好的展现人的内心世界。随着我国拉丁舞的发展，表演性拉丁舞吸引了广大的参与者。

标准舞：标准舞又被称为“摩登舞”。标准舞分为五类分别是华尔兹、维也纳华尔兹、探戈、狐步和快步舞。在改革开放初期，我国对于国标舞一无所知，而在多年后的今天，国标舞已在中国普及已成为最有影响力的舞种。

爵士舞：爵士舞产生于19世纪末的美国，由最开始一种原始形式的舞蹈经过多年发展演变成为“集多种舞蹈元素于一身”的舞蹈。其最主要的特点就是节奏的复杂性和其和弦的多变性。具有一定的表演性、创造性、娱乐性。长期练习可以提高机体灵活度与协调性。

健身街舞：街舞最主要的元素则为街头文化，由于音乐风格的不同而产生了许多不同的街舞种类。因为街舞的音乐节奏十分动感，所以其要的特点就是活力无限，激情四射。在运动中释放压力，受到了来越多人的喜爱。

有氧舞蹈：有氧舞蹈是指在音乐的伴奏下，以操化练习为基本手段所进行的持续一段时间的中低等程度的运动方式，从而使锻炼者达到强身健体的目的。

东方舞：东方舞是一种知名度较高的国际舞蹈，以有着阿拉伯异域风情的肚皮舞的发展最为显著。肚皮舞优雅、性感、妩媚，很受现代女性的喜爱和追捧。

（二）民族舞蹈

民族舞蹈泛指产生并流传于民间、受民俗文化制约、即兴表演但风格相对稳定、以自娱为主要功能的舞蹈形式。不同地区、国家、民族的民间舞蹈，由于受生存环境、风俗习惯、生活方式、民族性格、文化传统、宗教信仰等因素影响，各民族在表演技巧和风格上有着十分明显的差异。民族舞不乏朴实无华、形式多样、内容丰富、形象生动等特点，历来都是各国古典舞、民间舞、宫廷舞和专业舞蹈创作不可或缺的素材来源。

藏族舞：藏族舞中融入了许多关于宗教信仰的元素，在藏族舞蹈的发展过程中，不断吸收借鉴外来文化从而形成了自己独具特色的舞蹈。其舞种主要有锅庄舞、鼓舞与热巴舞等。

蒙古舞：蒙古族舞蹈有着浓浓的草原文化，由于生活环境、地理位置以及生活劳作的差异，使得蒙古舞最大的特点就是豪迈。

黎族舞：黎族舞蹈所反映的内容涉及很广，例如，生产劳作、社会娱乐等等，所有的舞蹈都显出黎族特有的文化内涵。

（三）民族传统舞蹈

民族传统舞蹈可以说是包罗万象，它所涵盖的范围远远超出了时尚健身舞蹈和民族舞蹈的范畴。最主要的特点是源于本民族固有的方法固有的创作形式流传至今，但却不仅仅指从古至今流传而来的，也包括现代社会所创。例如我国的太极拳、八卦掌、扇子舞、柔力球，这些都是我国悠久源长的民族精粹。当然其他国家也不例外，如印度或马来西亚的祈雨舞；或是与生活作息有关的如夏威夷的捕鱼舞，以色列的水舞；也有为了驱邪（驱虫）的意大利铃鼓舞等等。

四、广场舞文化

伴随着社会物质文明的发达，人们开始追求精神层面的富足。广场舞近年来异军突起，在全国各地如火如荼的展开。在开展的过程中也暴露出了许多问题，各类纠纷事件频发，影响整个城市的道德风貌。没有规矩，不成方圆。只有将行为规范化、系统化，建立一个让人轻松愉快的氛围，让参与者心无旁骛，真正的享受广场舞的乐趣。那么广场舞礼仪和公约的制定就成为了当务之急。

（一）广场舞礼仪

小到个人大到国家礼仪文化都起着非常重要的作用，是我们每个人都应该学习的一门学科。同样广场舞锻炼也需要礼仪约束彼此，外树形象，外修品德，促进人与人之间和谐发展，建设文明城市。

广场舞礼仪

穿戴需得体，
见面需行礼。
行动需一致，
人人需包容。

小贴士

（1）着装干净、整洁、端庄。
（2）清除身体的异味，男士禁止饮酒
（3）抵达要早，告退要晚。
（4）异性跳舞要有分寸。
（5）切勿乱扔瓜果皮壳。

（二）广场舞公约

随着广场舞发展的同时也带来了一些社会矛盾。广播音乐噪音扰民，占用公众场地等等一系列问题，遭到了社会各界的质疑，如何化解矛盾“死结”，成为当下一个亟待解决的问题。

1. 时间选择：严格控制好活动时间时间，不得打扰到市民的正常休息和工作。早上实践应在 8 : 00 ～ 10 : 00; 晚上应在 19:00 ～ 21 : 00。

2. 场地选择：广场舞活动的开展应当选择在宽阔地带，如广场、公园等，不可占道妨碍交通，不得影响公关设施的正常运行。

3. 控制音量：音乐声源处音量值不得超过 80 分贝。白天音乐音量不得超过 55 分贝，夜间音乐音量不得超过 50 分贝。随时服从社区管理人员进行音量监测。

4. 权利义务：参与广场舞锻炼要爱护公物，保护环境，且人与人之间要和睦相处、相互包容。

5. 传播正能量：不得假借广场舞之名进行邪教、迷信活动，不可聚众赌博、寻衅滋事，不可将危险物品带入活动行所。

6. 服从组织管理：广场舞活动期间，各个社区会派专人来进行监督，一切活动需听从该人员安排。

7. 遵守公约内容：所以参与广场舞锻炼的人员必须严格履行公约内容，不得违反。团队之间、个人之间都需要相互监督。

第三章 我们一起来跳广场舞

大家好……

看了前面的内容，相信大家已经迫不及待了吧，赶紧选择适合自己的广场舞，让我们一起跳起来！

保健篇：强健骨骼，灵活关节，中老年优选秘籍

分类篇：修身养性，魅力四射，老少皆宜不限行

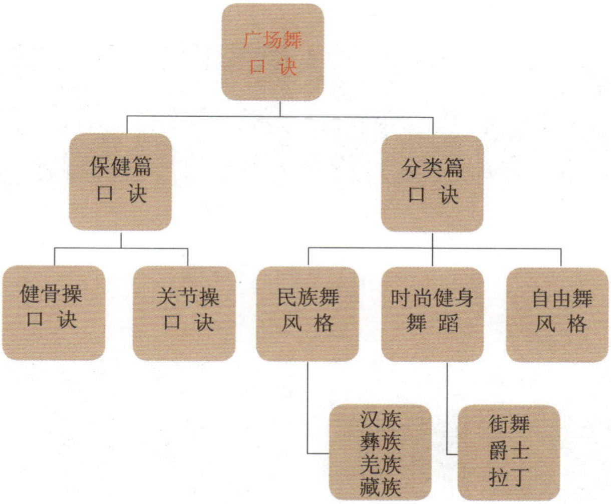

广场舞口诀一览表

一、保健篇

（一）健骨操（节选每段前四拍动作，后四拍为相反方向）

» 功效：强健骨骼、防止骨质疏松，防止中老年人摔倒

» 口诀：上下同步往外延，弯腰抱腿看脚尖。

沐浴阳光左右晃，手直腿屈朝后仰。

左右转体身体棒，全身协调精神好。

1. 上下同步往外延

1　　2　　3　　4

2. 弯腰抱腿看脚尖

1

2

3

4

3. 沐浴阳光左右晃

1

2

3

4

4. 手直腿屈朝后仰

1

2

3

4

5. 左右转体身体棒

1

2

3

4

6. 全身协调精神好

1　2　3　4

（二）关节操

» 功效：润滑关节，提升活力

» 口诀：唤醒关节真通畅， 左右立掌精神爽。

下蹲后拉要稳住， 重心不变反方向。

左右拉伸指朝天， 手脚开合搞清楚。

一上一下问苍天， 关节灵活好痛快。

1. 唤醒关节真通畅

1　2　3　4

2. 左右立掌精神爽

1　2　3　4

3. 下蹲后拉要稳住

1 2 3 4

4. 重心不变反方向

1 2 3 4

5. 左右拉伸指朝天

1 2 3 4

6. 手脚开合搞清楚

1 2 3 4

7. 一上一下问苍天

1

2

3

4

8. 关节灵活好痛快

1

2

3

4

5～6

7～8

二、分类篇

（一）民族舞蹈风格

1. 汉族风格广场舞（节选其中 4 个 8 拍）

» 口诀：上下换手朝前走
左右扭胯手划开
动作重复往后退
游刃有余扇在手

（1）上下换手朝前走

1～2

3～4

5～6

7～8

（2）左右扭胯手划开

1

2

3

4

5

6

7

8

（3）动作重复往后退

1～2

3～4

5～6

7～8

（4）游刃有余扇在手

1

2

3

4

5

6

7

8

2. 彝族舞蹈风格（节选其中 2 个 8 拍）

» 口诀：左右交叉来过招
双掌合并向后退
重复一次更牢记
双掌合并向前走
重心摇摆提侧腿
双手划圆抬腿跳

（1）左右交叉来过招

1

2

3

4

（2）双掌合并向后退

5

6

7

8

（3）重复一次更牢记

1

2

3

4

（4）双掌合并向前走

5

6

7

8

（5）重心摇摆提侧腿

1～2

3～4

5～6

5～6

（6）双手划圆抬腿跳

1

2

3

4

5

6

7

8

3. 羌族风格广场舞（节选其中 4 个 8 拍）

» 口诀：左右甩手似钟摆
顶天立地好气魄
手脚灵活真快乐
羌族舞蹈欢乐多

（1）左右甩手似钟摆

1

2

3

4

5

6

7

8

（2）顶天立地好气魄

1～2

3～4

5～6

7～8

（3）手脚灵活真快乐

1～2

3～4

5～6

7～8

（4）羌族舞蹈欢乐多

1～2

3～4

5～6

7～8

4. 藏族舞蹈风格（节选其中 4 个 8 拍）

» 口诀：右手架稳抡左臂

动作不变方向变

两手交替划个圆

来回都要空脚尖

（1）右手架稳抡左臂

1～2

3

4

5

6

7

8

（2）动作不变方向变

1～2

3

4

5

6

7

8

（3）两手交替划个圆

1～2

3

4

5

6

7

8

（4）来回都要空脚尖

1～2

3

4

5

6

7

8

（二）时尚健身舞蹈

1. 爵士舞蹈风格（节选其中 2 个 8 拍）

» 口诀：摇摇摆摆扭一扭

手脚并用真好看

所有动作可重复

完整示范扫码看

（1）摇摇摆摆扭一扭，手脚并用真好看

1

2

3

da

4

5

6

7

嗒

8

（2）所有动作可重复，完整示范扫码看

1

2

3

da

4

5

6

7

8

2. 拉丁舞蹈风格（节选2个8拍）

» 口诀：低首扶头不回眸

左右两次不想走

抬头挺胸摇起来

表情丰富真有范

（1）低首扶头不回眸，左右两次不想走

1～2

3～4

5～6

7～8

（2）抬头挺胸摇起来，表情丰富真有范

1

2

3

4

5

6

7

8

3. 街舞舞蹈风格（节选 2 个 8 拍）

» 口诀：双拳双脚交叉走

左右拉弓脚外开

隐约抱头放开扭

害羞转身踩一踩

（1）双拳双脚交叉走，左右拉弓脚外开

1～2

3～4

5～6

7～8

（2）隐约抱头放开扭，害羞转身踩一踩

1

嗒

2

3

4

5

6

7

嗒

8

4. 自由舞蹈风格（节选其中 4 个 8 拍）

» 口诀：左手延伸到指尖

两手侧推后脚起

弓步上手绕半身

抬头挽花好舞姿

（1）左手延伸到指尖

1

2

3

4

5

6

7

8

（2）两手侧推后脚起

1～2　3～4　5～6　7～8

（3）弓步上手绕半身

1　2　3　4

5　6　7　8

（4）抬头挽花好舞姿

1～2　3～4　5～6　7～8

第四章

选择适合自己的广场舞

导读： 全民健身使得大众参与广场舞锻炼的热情高涨，然而并不是所有的人都可以跳广场舞，患有一些慢性疾病以及关节损伤的人则要止步，盲目进行锻炼只会适得其反。参与广场舞锻炼，首先，应当选择适合自己的广场舞，选择合适的套路进行锻炼；其次，音乐、场地、服饰等的选择也尤为重要，从而科学地进行体育锻炼。

一、不同人群如何选择适合的广场舞

不同性别、年龄、职业、爱好的人学跳广场舞，选择也应有所不同。男性大多喜欢刚劲有力的动作，如健美操等；女性则往往更偏爱柔美抒情类型，如民族舞蹈等。青少年可选择节奏较快的曲目，但不宜过度剧烈，以免导致运动损伤、影响正常的生长发育；而中老年跳广场舞应量力而行、强度适中，尽量避免深蹲、大跳、扭转、快速平移、跺脚等动作。此外，喜欢双人共同练习的可以学跳拉丁、现代（摩登）等体育舞蹈。总之，应该从个人身体状况与兴趣爱好出发，不能一概而论。目前，广场舞的健身功效主要在于强化体能与心肺功能，如果想通过跳广场舞来改善形体、减肥瘦身，还需要进行有针对性的运动训练，如以轻器械或徒手方式进行的力量训练、有氧训练和有针对性的重点部位减脂练习等。

二、怎么跳才是科学的

跳广场舞首先应注意安全。

跳舞前 1 小时内不能进食，否则可能引起恶心、头晕等现象。开始运动前必须要先用 5～15 分钟的时间充分热身，拉伸大腿后部肌肉、大腿内侧肌肉、小腿（后部）肌肉、背部肌肉，活动肩（肩部环绕）、胯（摆胯绕胯）、膝（扭膝旋转）、踝（脚尖环绕）等肢体关节，并在原地踏步或快走直至提高身体肌肉温度，使肌肉更放松、更灵活，避免运动损伤的发生，保证运动安全性。热身还能使物质代谢和能量释放过程加强，加速脂肪燃烧，同时促进神经系统兴奋，调节心理状态，提升运动效果。

跳舞时应遵循“低冲击有氧运动”的原则，动作舒展到位，

但不夸张，随时有一只脚与地面保持接触，避免地面对膝、踝等关节的冲击，减少运动损伤的风险系数。连续跳舞的时间不宜超40分钟，并及时补充水分，饮水时不能大口猛喝，应小口慢饮。跳舞后要通过拉伸、慢走等混合运动放松身体，使心率、肌肉逐渐恢复平时的状态，绝对不能突然中止或者直接坐下，同时要注意及时更换或添加衣物保暖。

参加比赛时，同样也要做好赛前热身和赛后放松，上场比赛时动作的角度、力度、幅度都要标准、到位，过渡自然流畅，仪态舒展大方，充分展示阳光、文明、健康、向上的良好精神风貌。

需要特别提示的是：无论日常锻炼还是参加比赛都不能“带伤上阵”，否则可能会对身体造成二次损害或导致骨折、血管梗塞等严重后果。如果感到疲劳或身体不适时也不要跳舞，应及时休息或就医，等身体恢复后再进行锻炼。

三、如何选择合适的套路

广场舞是以健身为主要目的，兼具健心、健美、健脑多重功效的“百姓芭蕾”。首先应根据身体状况选择具有健身功效的广场舞套路，套路应符合跳舞者的年龄特点、身体状况，运动强度适中，要能使身体各部位都能得到充分锻炼，运动后微汗为佳，不宜强度过低或过大。

其次，要选择自己喜欢的套路，从兴趣爱好出发可以让人的学习过程“事半功倍”，在快乐、轻松的环境下学习、锻炼。

根据科学健身的原则，在锻炼时还应根据不同阶段选择不同类型的套路。热身后的起始阶段可选择慢节奏、低强度的套路；热身充分后可选择节奏略快、有一定强度的套路；最后再选择慢节奏、低强度的套路作为缓冲，使心跳逐步恢复正常；然后采取适当方式对肢体进行放松，有利于缓解疲劳，减少运动损伤概率。

参赛时对广场舞套路的选择也属于参赛技巧的一部分。首先应充分了解《竞赛规则》和《竞赛规程》的技术规定，创编、选择合适的套路，或对现有套路进行有针对性的改编，避免违例减分。此外，应选择自己熟练掌握的套路，降低失误减分的可能；具有地域特色、民族特色和文化特色的广场舞套路也是不错的选择。无论择什么套路都应注意不能有可能对人体产生伤害的危险动作、难度动作和禁止动作。

四、如何选择合适的音乐

医学研究发现，好听的音乐节奏、律动会对人的脑波、心跳、肠胃蠕动、神经感应等产生积极作用，有助于消除工作紧张、减轻生活压力、活化大脑细胞、预防慢性疾病等，进而使人身心健康。反之，不健康的音乐词曲则会影响人的情绪甚至让人产生幻觉，

导致对人身心健康的伤害。

因此，跳广场舞时选择合适的音乐非常重要。应该选择词曲内容健康向上的音乐，要主题突出、节奏明显，易于学习掌握，积极传播社会正能量，音乐的词曲作者及演唱者公众形象良好。

同时，除了选择合适的音乐，还要注意听、放音乐的方式。有关医学资料表明，当人耳听到的音量超过 85 分贝，易造成听觉疲劳；音量高达 110 分贝以上时，足以使人体内耳的毛细胞死亡，严重者还会造成不可恢复性听力损伤。因此，跳舞的时候音量不宜太高，应控制在 65 分贝以下，室外环境下也不宜超过 80 分贝。

耳机的音量输出一般都在 80 分贝以上，有些甚至达到 120 分贝，容易引起耳鸣、头晕、失眠、恶心等症状，导致注意力不集中、思维反应减慢、记忆力减退，甚至有烦躁不安、缺乏耐心等异常心理和情绪反应，严重的甚至可以造成永久性耳聋，并使语言交流和社交活动受到影响。因此，尽量不要长时间戴着耳机听音乐跳舞。

五、如何选择合适的场地

广场舞始于广场，盛行于城乡村镇、街头巷尾，其场地主要

包括：公园绿地及硬化空地、广场、街道、小区、学校、厂区等户外场地和体育馆、俱乐部、培训中心、舞蹈房等室内场地，以户外场地为主。场地类型包括草地、硬化空地（地砖、混凝土、塑胶等）、木地板、胶地板、舞蹈地毯等。

目前，广场舞的场地大多数都不十分理想，草地往往不够平整而且偏软，容易因肢体失衡导致关节扭伤；硬化空地没有弹性，长期跳舞易伤膝盖、脚踝等关节；木地板等具有一定弹性的场地往往都在室内而且数量不多，无法满足绝大多数广场舞爱好者的健身需求。

此外，在街道旁的空地跳舞，一来容易受汽车尾气污染影响造成呼吸系统的问题，二来因车辆较多容易出现安全问题；在社区、校园等处跳舞又容易产生噪音扰民问题，影响社会文明和谐。

因此，在目前运动场地设施十分有限的条件下，广大舞迷在跳舞时应尽量选择距离公路、小区略远的空地，同时选择合适的时间段，避免空气污染对身体的影响，减少音响对附近居民正常生活的干扰。

六、如何选择合适的服饰

服饰的选择对跳广场舞也很重要。

日常锻炼时应选择相对宽松舒适、适合动作伸展的服装，同时注意要选择透气度和吸汗效果较好的材质。除了锻炼时穿着的衣服外，还应准备好其他衣物，做好运动后的保暖工作。在北方的冬天在室外跳广场舞尤其要注意保暖以免感冒，目前已经研制出的各种能调节温度的智能型服装也是不错的选择。

此外，跳舞时要穿着合适的鞋子，尽量选择平跟软底鞋，鞋底不宜过厚，应有适度弹性以增加脚与地面接触时的缓冲。因为多数场地的地面都属于硬化空地，对关节的冲击力较大，因此，选择合适的鞋子可以避免伤及脚踝、膝盖等。

从参赛的角度要选择健康文明、美观大方的服装，不得过于暴露，而且应与曲目主题、音乐风格、动作展示、民族特色、文化特征等高度协调、吻合，不能“张冠李戴”。有时为了通过制造反差达到出人意料的现场效果，可以选择与表演者年龄、职业、性别等有较大区别的服饰，但不宜过分夸张、不能造型怪异。

七、广场舞拒绝的人群（高血压、冠心病等）

运动是促进伤病患者康复的重要措施之一。通过适当的运动，提高和改善运动器官与内脏系统功能，调节中枢神经系统，提高机体代偿功能，转化消极情绪，增强战胜疾病的信心和勇气，加速伤病康复。

但需要注意的是，运动无法取代正常的医学治疗手段，而且通过运动干预的手段促进伤病康复也要考虑到不同个体的差异，从而选择不同类型的运动项目。因此，不是所有人都能跳广场舞，如高血压、心脑血管疾病、糖尿病等慢性疾病患者和手术后患者，以及膝关节、肩关节疾病患者、韧带损伤者等均不宜跳广场舞，否则容易导致肌肉僵硬变紧，使机体受损并加重病情。

上述伤病患者，可以先通过慢走、健身气功、太极拳等更加温和的运动项目进行恢复，然后再逐步调整身体素质与运动项目。

选择适合的广场舞，科学地进行广场舞活动，才能达到锻炼身心的目的。任何运动一旦进行不当都会造成一定的身体损伤，跳广场舞时也应树立安全意识，避免受伤。下面简单介绍一下适宜的广场舞运动量和注意事项以及急救常识。

第五章 广场舞锻炼的安全性

一、适合的音贝（放飞心灵，快乐舞动）

音乐是广场舞的灵魂，广场舞锻炼者可以通过音乐的音量大小、节奏、旋律的变换，使得人们全身心地投入广场舞锻炼中，并且根据音乐的变换调节心情和刺激肌肉的用力程度，达到有效的锻炼目的。

过大分贝的音乐声会导致人的听力功能的下降，干扰居民的睡眠质量等问题的发生。因此，为规范广场舞活动，促进大家身心健康，一些部门也制定了相关的措施，如：为广场舞队提供电源插座、积极组织安排音响存放点，但规定每队不得超过 1 组。同时，要求降低音响功率，音响音量控制在白天 60 分贝、夜晚 50 分贝内，严禁音量分贝过大扰民。锻炼时间规定为夏季早 7 : 00 ～ 8 : 30、晚 7 : 00 ～ 9 : 30，冬季早 7 : 00 ～ 8 : 30、晚 7 : 00 ～ 9 : 00，不得超过时间播放音乐。

二、适合的运动量（科学锻炼，效果最佳）

（一）运动强度

运动过程中一定要把握好运动强度，适宜的运动强度既能达到锻炼效果，又利于身心健康。为了让大家把握好这一关键锻炼要素，下面将介绍两种简单易行的检测方法。

1. 年龄减算法

运动适宜心率 =180（或 170）－年龄

例如：如果一个 60 岁的老人运动适宜的心率就是 110 ～ 120。如果身体素质较差则用 170 减年龄。此方法适用于一般身体。

你想知道自己的最佳运动心率吗？快来对号入座吧～

2. 运动最佳心率参照值

男 31 ～ 40 岁（女 26 ～ 35 岁）：140 ～ 150 次 /min；

男 41 ～ 50 岁（女 36 ～ 45 岁）：130 ～ 140 次 /min；

男 51 ～ 60 岁（女 46 ～ 55 岁）：120 ～ 130 次 /min；

男 60 岁以上（女 55 岁以上）：110 ～ 120 次 /min。

该数据针对大部分人群，有利于更好地体现锻炼效果。

（二）锻炼持续时间

坚持运动才能达到锻炼效果，在每一次的锻炼中，注意锻炼的持续时间。通常，运动量由运动强度和运动时间来决定，所以，在运动时，我们要把控好运动时间和强度。根据研究表明，人们每次在锻炼时的持续时间应在 15～60min，通常情况下锻炼时间需持续 20～40min，达到适宜心率时间一般在 15min 以上。

（三）锻炼频率

运动锻炼频率是指单位时间内所锻炼的次数，一般情况下每周锻炼 3 ～4 次有较好的运动效果。如果想要达到更好的健身效果，可以多增加锻炼的天数，常常采取隔天锻炼。需要注意的是，在锻炼的过程中，要根据增加的身体状况而定，量力而为，切记急于看到成效。良好的运动习惯不是一两天养成的，需要持之以恒，最终养成良好的运动习惯。

（四）锻炼过程中有哪些注意事项呢

在运动锻炼中，为确保安全，必须注意相应的注意事项。提出禁忌的易发生危险的动作，例如，心脏病、高血压禁忌做大幅度的或过于低头和仰头的动作。在运动过程中，如果感到身体不适，比如：出现头晕或关节痛等症状应立刻停止运动。此外，在每次锻炼前、后都要做好准备活动和整理活动，根据实际情况如场地、气候、环境进行必要的调整，保证人们在安全有效的广场舞锻炼中增强体质、愉悦身心。

三、运动防护（运动伤害，不可忽视）

（一）运动性中暑

运动性中暑已成为近年来常见疾病之一，在高温的环境中进行锻炼时，应合理安排锻炼时间，避开高温时段，并且还应穿着

有利于排汗散热、轻薄透气的衣服和运动鞋，在锻炼中记得及时补充水分。

（二）肌肉痉挛

肌肉痉挛俗称抽筋，在日常生活中普遍存在。预防肌肉痉挛要求我们平时要加强锻炼，良好的身体素质有利于减缓肌肉痉挛。如果在运动中出现肌肉痉挛应立即停止运动，并且朝痉挛一侧肌肉反向牵拉。另外，在进行运动前一定要充分热身，使身体活动开，避免运动时受伤，运动完以后，一定要放松，避免肌肉酸痛。

（三）运动性贫血

贫血是一种常见的症状，运动时要注意运动性贫血，其关键在于科学合理的安排运动量和运动强度，做到因人而异、循序渐

进的安排原则，饮食结构要平衡，不能偏食，每天摄入足量的蛋白质，避免运动性贫血的发生。

（四）脑血管病患者忌急起急停

对患心脑血管病的中老年人而言，在运动中或生活中要注意不能做憋气鼓劲、快速旋转、剧烈用力等一些急起急停的活动。中老年人由于心血管系统逐渐硬化，血管舒缩功能减退，急起急停很容易发生血压下降，出现站立不稳，头晕目眩、晕厥或诱发缺血性脑中风、心绞痛、心肌梗死等症状。

（五）颈椎病患者运动前要充分活动颈部

颈椎是脊柱椎骨中体积最小，但灵活性最大、活动频率最高的节段，同时它也是干活最多、受累最多的部位。由慢性劳损而引发的颈椎病越来越多，但是这种变化很缓慢，平时不容易发现，所以对于一些程度较轻的患者加强颈部锻炼就可能使颈椎恢复正常。锻炼前要充分放松颈部肌肉，减轻关节压力，动作要缓慢，且最好设定每天的最低锻炼量，循序渐进。

（六）高血压病患者适合舒缓运动

高血压患者运动时要注意选择适合自己身体状况的运动项目，运动强度不要太大，时间要适宜。以广场舞为例，一级高血压患者，最好选择跳节拍在 60 ～70 步 /min 的狐步舞，慢三慢四等缓和的舞蹈，时间不宜过长，另外，切记跳舞过程中旋转、幅度大的舞蹈动作，以及强劲的伴舞音乐。运动后，如果自我感觉良好，经适当休息后心跳和疲劳感很快消失，则说明运动量是适宜的。

四、急救常识（急救在手，助人无忧）

（一）人工呼吸

1. 口对口人工呼吸法：将病人平躺于地上，救护人员跪在病人一侧，让病人嘴巴张开，救护人员一只手托着病人的下颌，另一只手捏紧其鼻孔。救护人员先深呼吸，然后对准病人的口吹入气体，在这个过程中要观察病人的胸部是否明显隆起，吹完气后应立即松手，用一只手按压胸部，帮助病人呼气。如此反复进行，每次吸气时间为 1～1.5s，一般每分钟吹气 15～20 次。

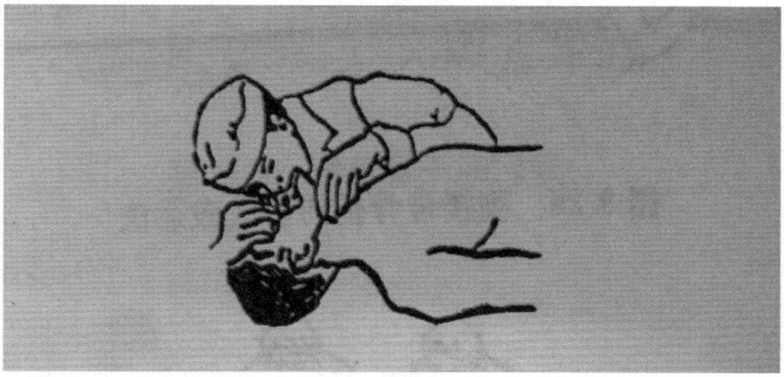

2. 仰卧压胸人工呼吸法：使病人仰卧在地上并且头偏向一侧，救护者跪于病人身体一旁，双手分别放在病人乳房下方，两手大拇指向内并且靠近胸骨，其余四指自然分开，向下向前慢慢用力。随着身体的重量向下推压，直至调整为救护者肩与病人呈垂直状态。如此反复按压，每分钟 15 ～20 次为宜，不能中断，直至患者自主呼吸为止。

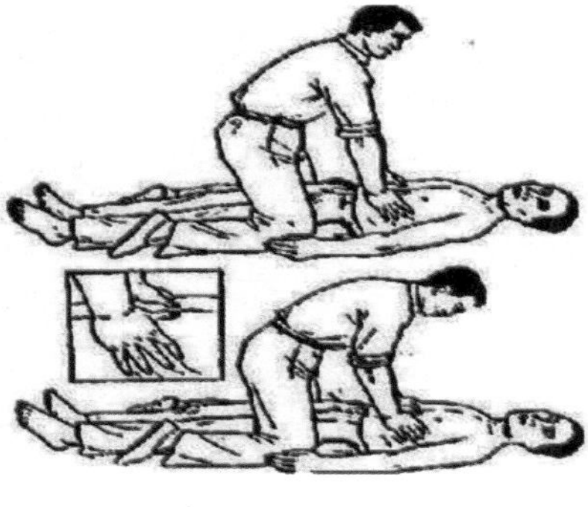

（二）胸外心脏按压法

技术要求：将病人平躺放在地上，救护者双手重叠，手掌放于病人胸骨中下 1/3 交界处，按压时，肘关节伸直，上半身使劲用力，将力量通过上体传达到掌根再用力于病人的胸骨，使按压的部位下陷 3～4cm。每次按压要求力量大，有节奏，速度快，这样有利于胸部收缩复位，心脏舒张，速度频率约为 60～80 次 /min。

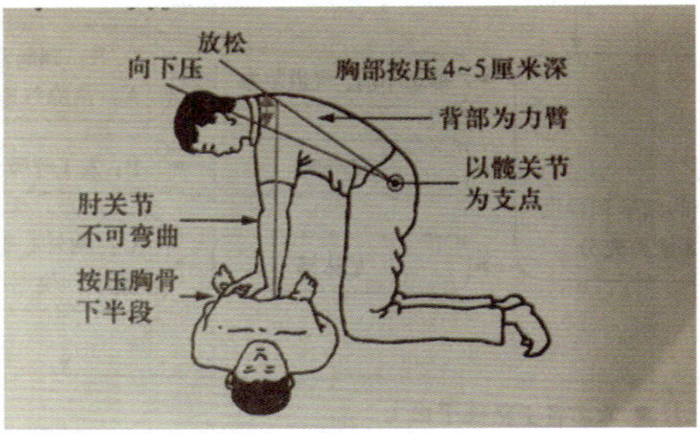

第六章

广场舞锻炼效果评价

导读：

运动是为了让我们拥有更加强健的体魄，运动后所测量出的指标是对运动后效果的反映。广场舞锻炼所带来的好处，锻炼效果是否有效需要从评价指标及检测方法入手了解，并结合相关仪器让大家对广场舞带来的健身价值一目了然。

一、广场舞锻炼效果评价

评价指标及检测方法

1. 心率的测量方法

通常，我们用手指按压手腕来测脉搏，具体做法是：用食指、中指、无名指的指腹轻轻按压在手腕的桡动脉处。一般来说，测量10s或者30s的脉搏次数，再换算为1min的脉搏次数。但是，用手来测量脉搏并不精确。

小贴士：

运动最大心率=220－年龄，

适宜的运动心率=170－年龄

中老年人运动要注意负荷量，适宜的运动负荷量才利于身体健康，通常可以用心率来评价运动量。例如：一个60岁的人，锻炼时，心率达到110就合适，心率在160就有点大。

2. 血压的测量方法

测量血压时，测试者要尽量保持平静的心情，用水银血压计或电子血压计进行测试。正常血压范围为：收缩压100/120mmHg，舒张压60/80mmHg。（血压范围评价如表6-1所示）

表6-1　血压范围评价表

血压标准	收缩压／舒张压（mmHg）
高血压	160/95以上
高危临界值	140/90
低血压	90/50以下

3. 皮脂厚度的测量方法

测量皮脂厚度可利用皮脂厚度计。测量时，被测试的人要放松，用拇指、食指、中指将皮下脂肪捏起，使其成一道皱褶，然后用皮脂厚度计卡在距指端 1cm 处，待指针停稳后记下数据，通常测量 3 次取中间值。

你想知道正常体脂范围吗？快来看看你处于哪个阶段（如表 6-2、表 6-3 所示）。

表 6-2 成年人（男性）体脂表

年龄	良好	一般	超重	肥胖	严重肥胖
＜19	12.0	12.1～17.0	17.1～22.0	22.1～27.0	＞27.1
20～29	13.0	13.1～18.0	18.1～23.0	23.1～28.0	＞28.1
30～39	14.0	14.1～19.0	19.1～24.0	24.1～29.0	＞29.1
40～49	15.0	15.1～20.0	20.1～25.0	25.1～30.0	＞30.1
＞50	16.0	16.1～21.0	21.1～26.0	26.1～31.1	＞31.1

单位：百分比

表 6-3 成年人（女性）体脂表

年龄	良好	一般	超重	肥胖	严重肥胖
＜19	17.0	17.1～22.0	22.1～27.0	27.1～32.0	＞32.1
20～29	18.0	18.1～23.0	23.1～28.0	28.1～33.0	＞33.1
30～39	19.0	19.1～24.0	24.1～29.0	29.1～34.0	＞34.1
40～49	20.0	20.1～25.0	25.1～30.0	30.1～35.0	＞35.1
＞50	21.0	21.1～26.0	26.1～31.0	31.1～36.1	＞36.1

单位：百分比

4. 腰、臀数据测量方法（如表 6-4 所示）

表 6-4 腰臀比（WHR）指数

	理想比例	偏胖
男	0.85～0.95	＞0.95
女	0.67～0.80	＞0.80

腰臀比 = 腰围 / 臀围

用皮尺测量腰围和臀围时，被测试的人要求空腹、站立。测腰围时，两脚分开与肩同宽，以肚脐为基本点，将皮尺紧贴皮肤，但不能用力按压。测臀围时，皮尺经过前面耻骨，后面经过臀部最高点，两侧经过股骨大转子一圈。每项指标测 3 次取平均值，精确到 0. 1cm。

怎么测呢？

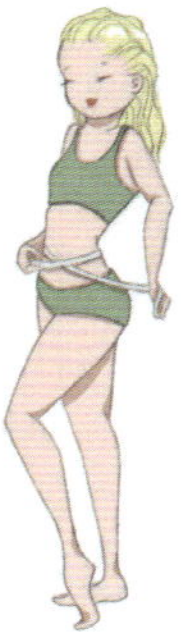

还有没有其他指标评价身体的胖瘦？（如表 6–5、表 6–6 所示）

表 6–5 体质指数（BMI）标准

偏瘦	瘦	正常	超重	肥胖
< 18	18～21	21～25	25～27	> 27

体质指数 = 体重（kg）/ 身高 2（m^2）

表 6–6 肥胖指数标准

	偏瘦	正常	超重	轻度肥胖	中度肥胖	重度肥胖
肥胖度（%）	<～10	-10～10	10～< 20	20～29	30～50	> 50

肥胖度（%）=[实际体重 / 标准体重 −1] × 100%（体重单位：kg）

标准体重 =[身高（m）]2 × 22（体重单位：kg）

皮脂厚度、腰臀比指数、体质指数、肥胖指数都是评价身材的哦！

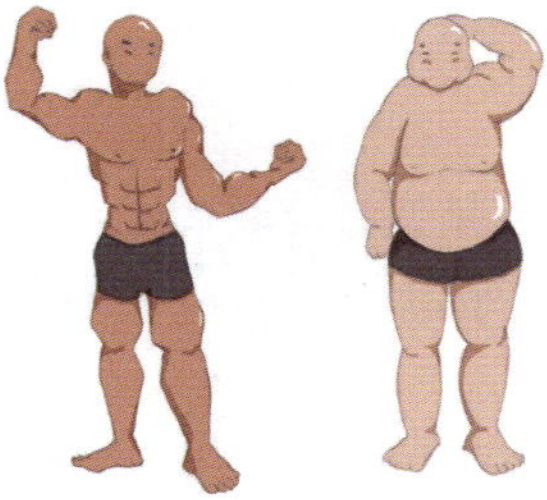

5. 心肺耐力的测量方法

以一定的速度步行 1.6km，利用秒表测出所用的时间，测试者开始尽可能快速行走，走完后记录所用时间和心率。利用公式计算

VO2max（最大吸氧量）= 132.853 − 0.0349× 体重（kg）− 0.3877× 年龄（岁）+ 6.315× 性别（男 1 女 0）− 3.2649× 时间（min）− 0.1565× 心率

最大吸氧量反映机体运输系统的工作能力，是评价人机有氧工作能力的重要标志之一（如表 6-7 所示）。

表 6-7 依据最大摄氧量评价心肺适能的等级

（单位：ml/kg/min）

性别	年龄	非常不好	不好	一般	很好	非常好
男	＜29	＜24.9	25～33.9	34～43.9	44～52.9	＞53
	30～39	＜22.9	23～30.9	31～41.9	42～49.9	＞50
	40～49	＜19.9	20～26.9	27～38.9	39～44.9	＞45
	50～59	＜17.9	18～24.9	25～27.9	38～42.9	＞43
	60～69	＜15.9	16～22.9	23～35.9	36～40.9	＞41
	≥70	＜12.9	13～20.9	21～32.9	33～37.9	≥38
女	＜29	＜23.9	24～30.9	31～38.9	39～48.9	＞49
	30～39	＜19.9	20～27.9	28～36.9	37～44.9	＞45
	40～49	＜16.9	17～24.9	25～34.9	35～41.9	＞42
	50～59	＜14.9	15～21.9	22～33.9	34～39.9	＞40
	60～69	＜12.9	13～20.9	21～32.9	33～36.9	＞37
	≥70	≤11.9	12～19.9	20～30.9	32～34.9	≤35

注：“一般”为健康体适能普通标准，“很好”与“非常好”为体适能高标准

6. 平衡能力的测量方法

测试者闭眼站立，计时开始时测试者任意抬起一只脚，当测试者支撑脚移动或抬起腿着地时，停止计时。测试两次，取最好成绩（如表 6-8 所示）。

表 6-8　成人闭眼单腿站立评分表（单位：s）

年龄	性别	极差	差	一般	良好
20～24	男	6～17	18～14	42～98	＞98
	女	6～15	16～36	34～90	＞90
25～29	男	5～14	15～35	36～85	＞85
	女	6～14	15～32	33～84	＞84
30～34	男	5～12	13～29	30～74	＞74
	女	5～12	13～28	29～72	＞72
35～39	男	4～11	12～17	28～69	＞69
	女	4～9	10～23	24～62	＞62
40～44	男	4～9	10～21	22～54	＞54
	女	4～7	8～18	19～45	＞45
45～49	男	4～7	9～19	20～48	＞48
	女	3～6	7～15	16～39	＞39
50～54	男	5～7	8～16	17～39	＞39
	女	3～5	6～13	14～33	＞33
55～59	男	3～6	7～13	14～33	＞33
	女	3～5	6～10	11～26	＞26

7. 主观体力感觉测量方法

测试者在锻炼过程中自己感觉疲劳程度，根据 PRE 的等级数值来乘以 10 相对应的数就是运动负荷的心率（如表 6-9 所示）。

表 6-9 主观体力感觉等级表

PRE	主观运动感觉	相对强度 /（%）	相应心率 /（次 / 分）
6	安静	0.0	
7	非常轻松	7.1	70
8		14.3	
9	很轻松	21.4	90
10		28.6	
11	轻松	35.7	110
12		42.9	
13	稍费力	50.0	130
14		57.2	
15	费力	64.3	150
16		71.5	
17	很费力	78.6	170
18		85.8	
19	非常费力	95.0	195
20		100	最大心率

二、广场舞功效指标分析

（一）心率

每分钟心脏跳动的次数叫心率。心率随运动负荷的增加而增大，通过对心率的测量，可以客观地反映出运动的强度。健身效果的最佳心率为 120 ～ 150 次 / min，运动时，心率在这一区间具有良好的健身价值。在广场舞锻炼的过程中，每个人应根据自身的身体素质确定锻炼的负荷量、强度。由于广场舞的动作温柔、缓和，更适合中老年人长期坚持锻炼。

（二）血压

血压是评价身体机能的一个重要标志，血压的高低明显受运动和心理活动的影响，男性的血压一般高于女性。大强度运动后收缩压上升和舒张压下降明显，且恢复较快，表明身体机能良好。跳广场舞时，血压随运动强度的增加而升高，所以，患有高血压的老年朋友要慎重选择运动负荷，血压过高过低都不适合跳广场舞。

（三）皮脂厚度

脂肪是人体成分和健康状态必不可少的一部分。脂肪在体内的过多或过少都会危害人体的健康。过多的脂肪会引起一些疾病的发生，比如：高血压、糖尿病等，还会影响人的形象气质。广场舞是一个全身运动，尤其是上肢动作特别多，所以，跳广场舞有利于减少上肢脂肪。长期跳广场舞，坚持有规律的运动起到了消耗脂肪的作用，机体的脂肪减少，老年人脂肪的减少有利于日常活动，减轻心肺负担，有利于身体健康。

肥胖是很危险的，严重肥胖会导致各种疾病。

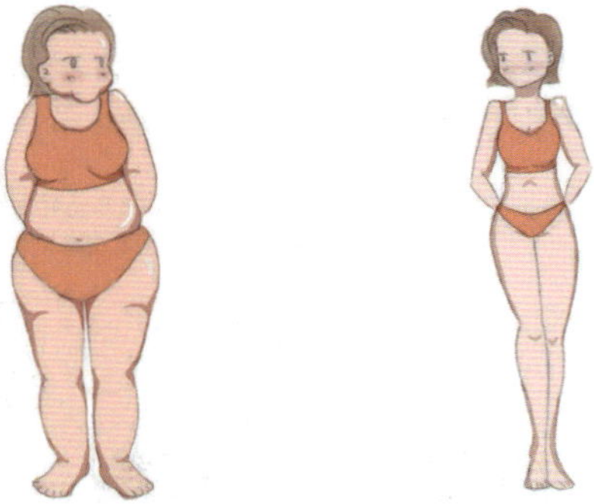

（四）腰臀比指数

腰臀比指数是反映身体围度的一个指标。跳广场舞时，手臂在舞蹈中是上身的主要运动形式，从而带动腰、臀运动。据调查，长期坚持跳广场舞的人群中，腰的围度是最先开始减小。完美的腰臀比例使得身材线条更加优美。

（五）心肺耐力

心肺功能低下是预测心、血管疾病危险因素的重要信号。跳广场舞时通常会用不同节奏的音乐，所以，锻炼时所表现的舞蹈风格不同，运动负荷也不同，对跳广场舞人群的心肺能力有所提高。长期有氧锻炼有利于提高老年朋友的最大吸氧量，提高心肺功能。

（六）消化功能

老年人上了年纪，消化系统也逐渐衰弱，肠胃消化不好。跳广场舞时，髋部扭动时间多，带动腰部和骨盆肌锻炼，从而促进肠胃蠕动，增强了消化功能，有利于对营养的吸收。

如何吃得营养和健康？

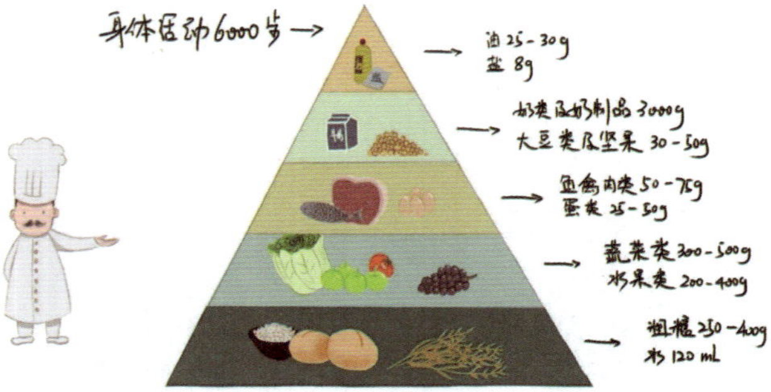

中老年人要注意饮食，多吃新鲜蔬菜和水果，粗谷杂粮更利于消化。

（七）免疫功能

广场舞属于中等强度的运动，因此，更加有利于人体免疫系统功能的加强与改善。适当强度的广场舞运动能够促进人们的新陈代谢，从而有利于人体内分泌系统的改善。

三、了解测量仪器

（1）测心率的仪器

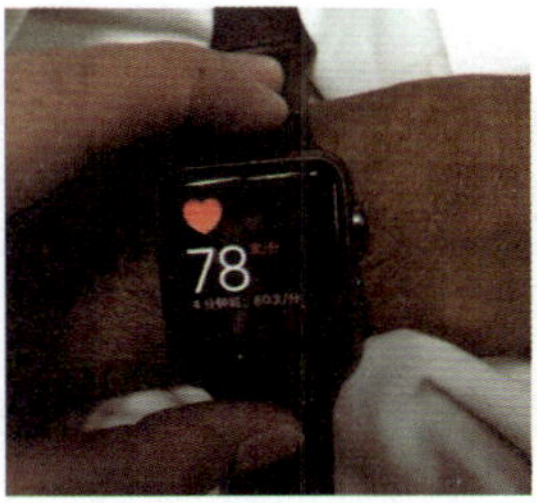

（2）测血压的仪器

（3）测皮脂厚度的仪器

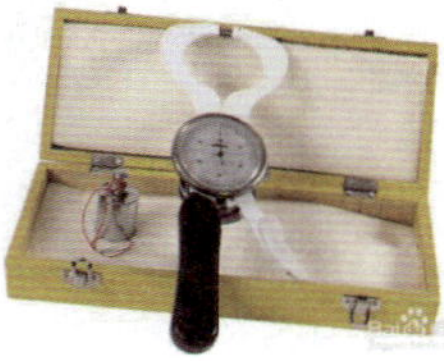

（4）测心肺功能的仪器

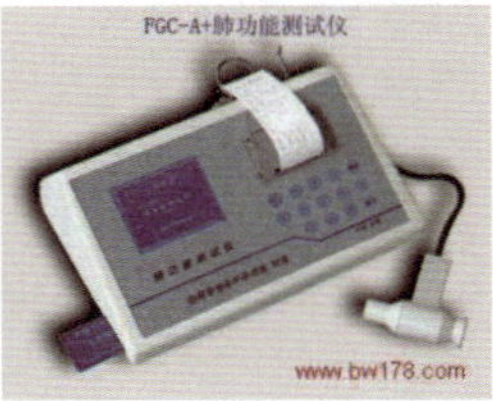

第七章

广场舞鉴赏

导读：

之前我们有关广场舞了解了很多，例如，广场舞的概念、功能、分类及怎样跳广场舞，然而这些广场舞的基本知识是我们每一位热爱广场舞的人必须要知道的。了解了这么多，那什么样的广场舞才是好的广场舞呢？让我们一起来 LOOK！

一、 花球啦啦操

花球啦啦操，音乐选取的是一支节奏轻快的调子；服装和花球的颜色对比鲜明，给观众和裁判员强烈的视觉冲击感；动作创编合理，队形多变，增强了舞台效果。

（视频来源：http://video.baomihua.com/v/34856924）

作用及功效

1. 培养团队意识，增强相互协作、帮助的能力。
2. 增强运动机能，促进心血管功能。
3. 可以起到健身美体，塑造完美形体姿态的作用。
4. 培养审美能力，提高观赏力。
5. 可以提高身体协调性，改善身体灵敏程度。

二、形体舞蹈

形体舞蹈即综合性肢体形态训练的一种舞蹈，具有塑腰、健胸、美腿的健身功效，舞者在柔美的音乐旋律下陶冶情操、洗涤心灵。下面这支舞蹈淋漓尽致地展现了形体舞蹈的优美和典雅。音乐节奏欢快，舞蹈编排合理，动作连接清晰流畅。总的来说，动作质量完成度较高，服饰的搭配也吸引眼球。

（视频来源：https://v.youku.com/v_show/id_XMzUyNjk0MTl1Mg==.html）

（一）不足之处

1. 没有队形的变换，舞台效果不是很好。
2. 空间位置运用不到位。

（二）作用及功效

1. 形体练习能够改善神经系统和心血管系统。
2. 升华气质，让人的行为举止表现得高雅。
3. 增强核心力量，塑造腰部线条，减少脂肪的堆积。
4. 使大腿修长、小腿纤细轻盈。

三、街舞

街舞是黑人情绪的一种宣泄行为，后来演变成街头文化。街舞的主要特点是爆发力强，身体所表达的动作展现力比其他舞蹈更加夸张。下面这支广场舞选用的音乐节奏感强、时尚，最吸引人之处是以全身的活力带来热情澎湃的感觉；街舞的动作编排非常简单，连接很流畅，是一支比较适合年轻人的舞蹈。

（视频来源：http://www.tangdou.com/v55/dANQNkNjwT1z3g2.html）

（一）不足之处

1. 没有任何队形变化，也没有充分利用场地。
2. 演员表现力不够好，应充分展现自我，增强自信心。
3. 个别演员动作不到位，力度不够，动作的完成度不高。

（二）作用及功效

1. 改善心肺功能，增强四肢肌肉弹性，还能减脂。
2. 改善身体柔韧度，加强肌肉群之间的联系。
3. 展现优美姿态，加强肢体协调的作用。

四、健身广场舞

这是一个有明显健身风格的广场舞，动作简单清晰，容易掌握，节奏感比较强，它结合了健身操的基本步法，动作强度中等，老少皆宜，较其他运动更富有趣味性，也具有增强体质，身心愉悦的实效性。

（视频来源：http://www.gcw.boosj.com.kitty）

（一）不足之处

1. 队形变换不多，没有充分利用场地。
2. 演员表现力不到位，应该充分表现自我，展现个人魅力。

（二）作用及功效

1. 增加肺活量，改善血红细胞的氧代谢功能，
2. 增强身体耐力，减脂塑形。

五、健骨操

健骨操，动作难度由小到大，运动量也逐渐增加；它不但有全面的强健骨骼、锻炼身体的活动功能，而且还能有效地防治骨质疏松，特别适合中老年人锻炼。

（视频来源：https://v.youku.com/v_show/id_XMzU4Nzl5NDYwOA==.html）

（一）不足之处

1. 不适合表演，要是用做表演会显得过于单一。
2. 动作基本都在原地完成，空间运用不是很好。

（二）作用及功效

1. 加强关节韧性，提高关节的弹性和灵活程度。
2. 加强心脏功能，使心肌纤维变得强壮有力。
3. 经常参加有氧运动可以改善呼吸系统。
4. 增加消化液分泌，使胃肠蠕动增强，有利于消化、吸收。
5. 改善血液循环功能，增强强肾脏排毒功能。

六、缓压舞

每个人都有来自生活各个方面的压力，那么怎样才能缓解压力呢？跳舞是一个不错的选择，下面这支广场舞不仅能使人愉悦身心，还能提高自信心。动作简单易学，节奏欢快，编排合理，上下肢动作清晰流畅，动感十足；演员表情到位，动作舒展，服饰整齐统一，精神面貌饱满，整个舞蹈充满一种积极向上、自信乐观的生活态度。

（视频来源：http://www.boosj.com/7799642.html）

作用及功效

1. 增强机体功能以及人体抵抗力，促进血液循环。

2. 强壮骨骼，预防骨质疏松，增加身体关节部位的柔软与灵活，减少受伤机会。

3. 改善睡眠质量，提升学习工作效率，排压解忧。

4. 培养坚强意志，增加自信，塑造健康的个人形象。

5. 提供更广泛的社交平台，加强学习合作交流。

七、有氧舞蹈

好的舞蹈可以使人心情愉快，加之动感的音乐会更加使人热血沸腾，有氧舞蹈选取了欢快、动感的音乐，整个舞蹈编排合理，充满活力，动作清晰流畅，简单易学，舞蹈风格把握到位。服饰搭配鲜艳引人注目。

（视频来源：https://v.youku.com/v_show/id_XMzE0MDkyOTQyNA==.html）

具有以下几个功能

1. 训练心肺功能，增强带氧能力。控制超重肥胖效果明显。
2. 增强血管功能，提高肺活量，加快新陈代谢。
3. 增强人际关系、丰富业余生活。

八、民族舞

民族舞蹈是指源于民间的舞蹈，它是根据民间的一些风俗文化所形成的，其风格以缓慢、表达主题为主，以自娱为主要功能的舞蹈。

下面这支舞蹈节奏把握比较好，选取的音乐欢快、优美；从编排角度讲整个舞蹈的编排比较合理，动作清晰流畅，舞蹈风格把握到位，服饰颜色鲜明，给人以强烈的视觉冲击感。

（视频来源：http://www.tangdou.com/v94/dAOMMYOjwT1T0A2.html）

（一）不足之处

1. 舞台的运用不够好，没有队形的变化，显得单一。
2. 个别演员表现力不强、动作力度感、节奏感差。

（二）作用及功效

1. 加强身体柔韧与灵活，塑造优美姿态。
2. 增强吃苦能力，磨炼心智毅力。
3. 培养合作能力和集体荣誉感。
4. 陶冶情操，增强自信，促进身心发展。

九、伦巴

伦巴舞英文 Rumba 的音译。其寓意为“爱情之舞”，它是由古巴的拉丁舞演变而来，所以又叫古巴伦巴。

下面这支舞蹈节奏把握比较好，选取的音乐柔和、缓慢；整个舞蹈的编排比较合理，动作清晰流畅，舞蹈风格把握到位，体现它较为浪漫、性感与热情的特点。

（视频来源：https://v.youku.com/v_show/id_XMzM1Mjc1NDkxMg==.html）

作用及功效

1. 加强全身协调配合，塑造优美身姿。
2. 丰富人际关系，促进和他人友好相处。
3. 让人更富有自信。

十、有氧健身操

有氧健身操是指将体育、舞蹈、健美操、韵律体操等多种运动形式融为一体，加入相应的现代时尚元素，体现出人们追求健康与美的运动项目，是一种健身体操。有氧健身操大部分是徒手体操，很少使用器械，不受场地的限制，平坦的空地就可以进行，且是一种行进间的有氧健身操，这种健身操特别适用于中老年人学习。通过练习，达到增强体质、预防疾病、塑造形体、保持身材的效果。

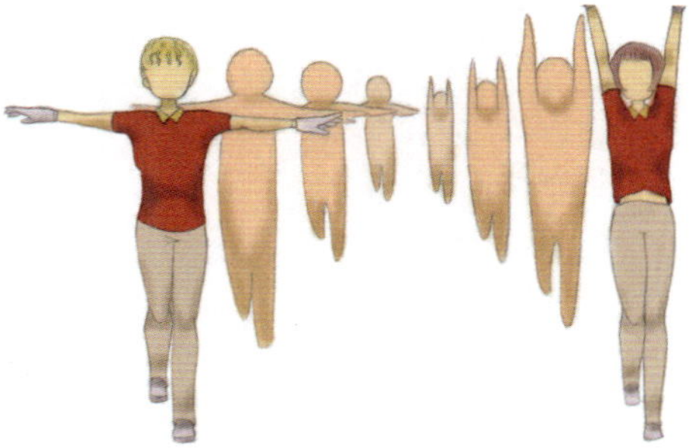

十一、太极拳

太极舞（拳）起源于中国，其动作特点是柔中带刚。由于太极舞（拳）既可防身，又能改善体质、预防疾病，所以深受人们的喜爱，历史悠久，并且延伸了很多流派，在民间传播广泛。太极舞（拳）虽然在套路、推手架式、内功等方面各派有异，但具有的功效都差不多，主要为疏经活络、调和气血、营养腑脏、强筋壮骨，适合中老年人进行锻炼。

十二、东方舞

东方舞是一种带有阿拉伯风情的舞蹈形式，适合 20 ～ 45 岁的女性朋友。

下面这支舞蹈节奏把握比较好，选取的音乐欢快、动感。从编排角度讲整个舞蹈的编排比较合理，动作清晰流畅，舞蹈风格把握到位，体现出东方舞的柔美。

（视频来源：https://v.youku.com/v_show/id_XMzlwMjc1ODUxNg==.html）

（一）不足之处

1. 演员表现力不够突出，表情不到位。
2. 没有适当的队形变换，也没有充分地利用场地。

（二）作用及功效

1. 可以将腹部的赘肉减少，达到瘦身的效果。
2. 音乐比较优美，使跳舞的人不会有任何枯燥感。
3. 长期坚持下去可以保护女性的健康。
4. 可以减缓压力，同时有助于女性产后调理。
5. 展现女性柔美的一面。

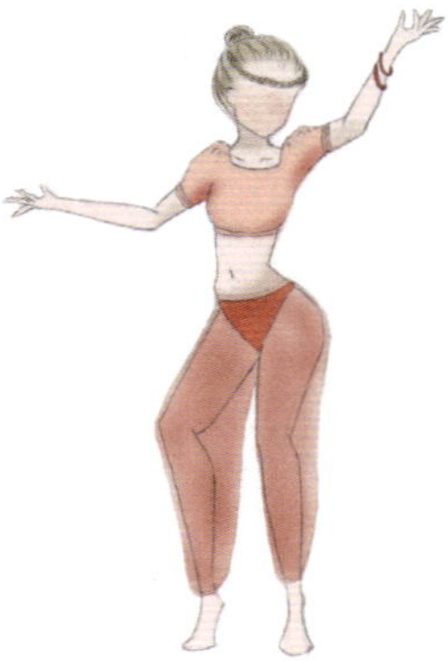

第八章

广场舞展演及竞赛

导读：

广场舞受到社会各界的关注和重视，各种广场舞比赛层出不穷。不管是什么样的比赛都有其规章制度，那么如何备战广场舞展演及了解竞赛规程呢？让我们一起看看。

一、了解规则与规程

要想参加比赛，首先要了解比赛的规则与规程。

通常情况下，在备战一项赛事时，解读《竞赛规程》过程中，为了更好地应战比赛，可以将竞赛规程通过流程图的方式进行了解。其具体如下：（1）了解竞赛名称、目的（判断赛事性质）→（2）了解主、承办单位（判断赛事级别）→（3）了解竞赛时间及地点（判断是否有能力参赛）→（4）了解竞赛项目、组别（判断参加哪个项目哪个组别）→（5）了解参加方法、竞赛办法（判断如何参赛、如何竞赛）→（6）了解报名与报到（判断何时报名、如何报名，确保在规定时间内完成报名）→（7）了解食宿安排、消防与安全知识及逃生路线示意图、裁判员与仲裁委员会、注意事项等。

二、如何组织自己的队伍参加比赛

首先，需要解决的就是组队的问题，而组队中最重要的就是队员的确定与选拔，具体做法如下。

1. 明确参赛人数、参赛性别、参赛年龄的要求，缩小队员选拔范围；

2. 确定队长，采取队长负责制进行组队；

3. 在广场舞参与人群较多且都有参赛欲望的情况下，由队长或相关管理部门组织广场舞竞赛队员选拔赛，选拔优秀的队员；

4. 组队过程中，要保证有至少两名替补队员，以防出现受伤等突发状况应急；

5. 组队完成后，按照《竞赛规程》要求进行报名。

其次，队员确定后，重要任务就是参赛。如何参赛具体途径如下。

1. 根据队员等实际情况确定参赛项目、组别；

2. 选择参赛音乐、编排参赛套路；

3. 指定训练计划及阶段性训练目标；

4. 阶段性检验训练效果；

5. 确定竞赛服饰，包括服装、道具、鞋子、头饰等等；

6. 参赛前，购买人身意外保险，赛前需适应服装、场地、道具；

7. 提前安排竞赛食宿问题；

8. 完成比赛报到后，按照时间要求到赛场适应场地。

三、广场舞创编

广场舞通常是人民群众自我娱乐、自我表现、自我欣赏，以健身娱乐为目的进行的一种自发性的艺术文化运动方式，其特点在于简单、易学、不受场地、性别、年龄所制约。所以，在创编过程中必须遵循：群众易于接受、简单易学、富有时尚性和时代

性、突出民族传统和地域特色等特点，因时因地进行创编。其具体创编方法如下。

1. 选择与确定主题和音乐；

2. 音乐确定之后，将音乐进行拆分，进行每个阶段的动作编排；

3. 具体的舞蹈动作没有局限，先编排出大概的动作，再慢慢填充；

4. 动作基本确定之后，根据音乐分段情况以及动作特点进行队形、造型、配合、过渡与连接、难度的编排与设计；

5. 配合音乐进行完整性练习，在练习过程中根据队员的完成情况进行调整与修改，直至完美完成。

四、保障工作

广场舞团队也需要一个坚强的后盾。要注意以下几点：

人身安全要注意
经费食宿要落实
音乐服装要备好
应急药品随身带
确保比赛无障碍

五、报名须知

1. 按照《竞赛规程》要求的报名方式进行报名，通常采用两种方式：（A）将报名表发到指定邮箱；（B）在规定的网上报名系统进行报名。

2. 报名表务必按照统一要求、统一格式进行填写、提交，不能随意更改报名表格式。

3. 参赛队伍形象展示材料提交，准备各参赛队伍的简介一份、队伍高清合影1～2张。

4. 准备队旗一面，通常为1号旗。

5. 安排一名旗手，开幕式入场式需要旗手举队旗入场。

六、赛事

赛事工作主要包括赛前工作：报到、领队、教练会议、彩排四个方面；赛中工作：检录、赛前激励、突发情况处理三个方面；赛后工作：颁奖、离会两个方面。

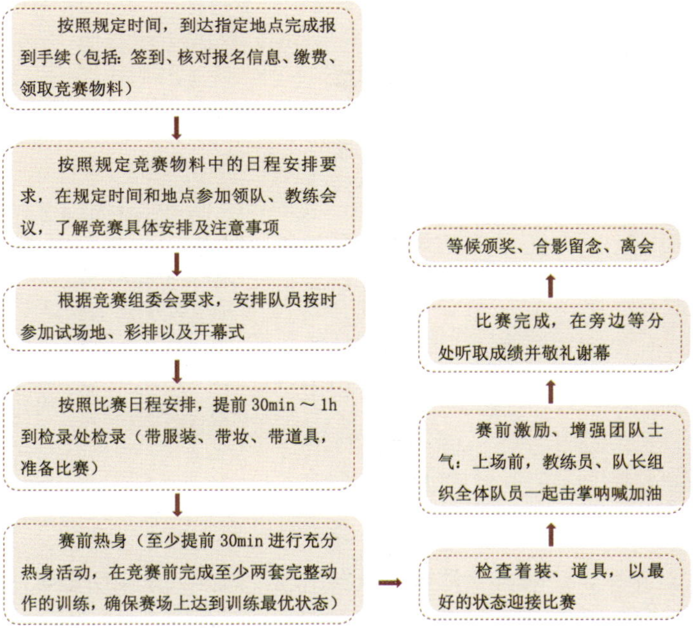

第九章 合格的广场舞指导教师

导读：

教师是神圣的职业，一名合格的广场舞教师要具备良好的职业道德与素养。想要成为一名合格的广场舞教师需要通过职责与义务、职业道德以及广场舞教师的荣誉这三方面来提升自己，塑造一名优秀的广场舞教师。

一、广场舞指导教师职责

作为一个广场舞指导教师，该怎么做呢？

广场舞指导教师的职责

遵守文明跳起来，
负起责任教起来，
急救常识用起来，
切合实际嗨起来，
指导教师需谨记，
热心、爱心拿出来。

近年来，广场舞争端事件频发出现，需要大家文明锻炼，作为一个合格的广场舞指导教师要担起责任，认真教学。由于锻炼者大部分是老年人，在跳广场舞时避免不了有一些特殊情况发生，比如：脚受伤了、晕倒了等，这就需要广场舞指导教师懂一些急救常识，在出现问题时有能力解决。

二、广场舞指导教师义务

任何一个公民都有自己应尽的义务，作为一个广场舞指导教师在他本职工作的范围内有应尽的义务。

1. 义务：三心、二守、一推。

三心：有爱心、责任心、热心

二守：遵守职业道德、遵守文明

一推：推动广场舞文化发展

2. 广场舞指导教师职业道德

遵纪守法，诚实守信。

提升自己，为民服务。

团结友爱，和睦共处。

形象优美，举止大方。

作为一名合格的广场舞指导教师要谨记本职业的职业道德，广场舞教师需要遵纪守法，不断提升自己的水平，在教学过程中要与学员和睦相处。此外，广场舞是一项美的运动，指导教师的形象也很重要。

3. 广场舞指导教师荣誉

义务和权利是相当的，作为一名广场舞指导教师在履行自己的义务的同时也应该享受相应的权利，让广场舞指导教师也能获得职业幸福感。

4. 广场舞领队等级

高级

中级

“不想当将军的士兵不是好士兵”，作为一名合格的广场舞领队要有一颗积极向上的心和积极进取的心。

附　录　全国广场舞推广委员会介绍

全国广场舞推广委员会
NATIONAL SQUARE DANCE PROMOTION COMMITTEE

全国广场舞推广委员会是国家体育总局社会体育指导中心领导下成立的全国广场舞运动推广机构，旨在深入贯彻落实国家相关部门关于引导广场舞活动健康开展的相关文件精神，在全国范围内有序推广广场舞运动，引导广场舞健身活动规范、文明开展，研究并促进广场舞产业可持续发展，进一步提升广场舞在全民健身计划中的作用。委员会接受国家体育总局社会体育指导中心的业务指导和监督管理。

委员会的工作职责包括：

贯彻执行国家的方针政策，负责广场舞运动的开展与普及。

研究制定广场舞运动发展的规划、计划。

广场舞运动标准研制和人才培养，广场舞运动科学理论研究。

管理和组织实施各类广场舞活动和竞赛。

开发广场舞运动装备器材，促进广场舞产业发展。

组织实施广场舞业内的评比表彰。

参与和组织国际组织、国家和地区间的广场舞交流。

承办政府部门或有关单位委托的相关工作。

委托有条件的单位协助委员会日常工作。

2017年委员会协助国家体育总局社会体育指导中心、中国社会体育指导员协会共同策划举办了以“全民共舞与全运同行”为主题的全国广场舞大赛、中国首届美丽乡村广场舞大赛及首届中国广场舞产业发展论坛（研讨会）等；还将陆续策划举行以“全民共舞，健康中国”为主题的系列赛事，主要包括：中国广场舞公开赛、中国广场舞大奖赛、中国少数民族广场舞大赛、中国城市广场舞大赛等多层次广场舞赛事，为广大广场舞参与者提供一个展现自我的舞台。

全国广场舞推广委员会
NATIONAL SQUARE DANCE PROMOTION COMMITTEE

参考文献

[1] 黄宽柔，姜桂萍. 健美操体育舞蹈 [M]. 北京：高等教育出版社，2006

[2] 雷晓薇. 广场舞概念的研究 [D]. 武汉体育学院，2016

[3] 孙晶晶. 广场舞的特点与发展现状研究 [J]. 运动，2015（12）：142–143

[4] 袁海军. 广场舞发展对策研究 [J]. 运动，2015（19）：141–142

[5] 全国体育学院成人教育协作组《体育保健学》教材编写组. 体育保健学 [M]. 北京：人民体育出版社，1995

[6] 王洪祥. 体育保健学 [M]. 北京：北京师范大学出版社，2008

[7] 王宏. 青少年运动卫生知识 [M]. 重庆：西南师范大学出版社，2013

[8] 邓树勋，王健，乔德才. 运动生理学 [M]. 北京：高等教育出版社，2009

[9] 封飞虎，凌波. 运动生理学 [M]. 武汉：华中科技大学出版社，2014

[10] 周斌. 广场舞与健身走对中老年女性身体素质和情绪心境影响的比较 [D]. 南京体育学院，2014